ROBERT SCHUMANN

INTRODUCTION AND ALLEGRO APPASSIONATO

Concert Piece for Pianoforte and Orchestra
Op. 92

Edited by
Ute Bär

Ernst Eulenburg Ltd

London · Mainz · Madrid · New York · Paris · Prague · Tokyo · Toronto · Zürich

CONTENTS

PREFACE

In 1849, four years after the completion of his Piano Concerto Op. 54, Robert Schumann once again turned to creating concertante works. In addition to the *Concertstück für vier Hörner und grosses Orchester* Op. 86, composed between 18 and 20 February, the *Concertstück für das Pianoforte mit Begleitung des Orchesters* Op. 92 was composed in the same year between 18 and 26 September when he was principally busy with his four-hand Piano Pieces Op. 85. In these one-movement works Schumann returned to his ideas of 1836 concerning the revival of the solo concerto genre, which he had expressed in his review of the 6th Piano Concerto Op. 90 by Ignaz Moscheles:

We should be thinking in terms of a genre comprising a movement of some lenght in a moderate tempo in which the preparatory part would take the place of a preliminary Allegro, the cantabile section that of the Adagio and a brilliant ending that of the Rondo.[1]

Information on the genesis of the work is given in his *Projectenbuch* and his *Haushaltbuch*. Thus, in the *Projectenbuch* under the heading 'Composition (Plans)' for the year 1849 Schumann also recorded a 'piano concerto in a distinctive form'[2] and, together with other compositional plans jotted down here and actually realized later, marked this entry with a cross, his typical sign of having carried out his plan. Under the heading 'Summary of Compositions' he then listed the works chronologically. As regards the Concert Piece Op. 92 he wrote: '18th–26th September: Introduction and Allegro for Pianoforte and Orchestra (in G) (Op. 92)'.[3] Detailed information on the genesis of the work is also found in Schumann's *Haushaltbuch*.[4]

On 20 September, immediately after concluding the draft of the solo part for the first version of the autograph score, Clara Schumann recorded in her diary, in great delight:

Today Robert finished the sketch of a Concert Allegro with Introduction, and is now starting work on the instrumentation. I am very much looking forward to playing it. It is very passionate and that is certainly how I shall play it. The Introduction, which has become quite clear to me (Robert played it to me first) is very beautiful, the melody is deeply felt. I must get to know the Allegro better in order to form a full impression of it.[5]

The lyrical, cantabile Introduction, fashioned in a free form, is similar to a prelude. At the beginning chordal figurations by the solo instrument swirl in 32nds around four motives performed by various orchestral instruments, which merge into one another and consequently form a long melodic line. A short modulatory transition from G major by way of D major and A minor leads to a sonata movement beginning in b43, an *Allegro* sharpened harmonically by a tritone upbeat.

In the extensive exposition (bb43–200) the main theme is initially heard in bb43–89 in a dialogue of solo instrument and tutti. Afterwards it is taken over by the solo instrument alone, varied, and after the repetition of these two sections finally performed once more by the orchestra. A calmer subordinate theme performed by the solo instrument alone is added in bb89–120. The following closing group (bb121–151) brings a third theme that refers to the Introduction. The epilogue (bb151–199) picks up again the main theme, which, performed by the orchestra, is heard in C major. A modulation to E major leads to the development (bb200–299) in two sections beginning in b200. Whilst in the first section of the development (bb200–

[1] *Neue Zeitschrift für Musik,* Vol. 4, No. 29 (8 April 1836), 123

[2] Robert-Schumann-Haus Zwickau; Archives-No.: *4871/VII C,8–A3,* 14

[3] ibid., 43

[4] cf. *Robert Schumann. Tagebücher,* Vol. III: *Haushaltbücher 1837–1856,* ed. Gerd Nauhaus (Basel, Frankfurt² [1987]), 503–504

[5] Berthold Litzmann, *Clara Schumann. Ein Künstlerleben. Nach Tagebüchern und Briefen*, Vol. II: *Ehejahre 1840–1856* (Leipzig², 1906), 196

244) the themes of the exposition are treated equally by piano and orchestra, the second section (bb244–299) refers principally to the first two motives of the Introduction. In the ensuing reprise (bb299–425), in contrast to the exposition there comes a clear separation of solo instrument and orchestra. Except for a varied afterthought in bb320–337, the principal theme is played by the orchestra, the subordinate theme by the piano. After a reprise epilogue the coda follows in bb451–520, revised several times by Schumann. As in the second section of the exposition, taking up again the two motifs of the Introduction in the coda underlines the unity of the two compositional sections.

The première of the Concert Piece took place in Leipzig only a few months after its composition. In preparation for the visit by Robert and Clara Schumann in Leipzig,[6] Ferdinand David wrote to Schumann on 18 January 1850 about the programme for the planned *Concert for the Benefit of the Orchestral Pensions Fund*:

The Concerto by Beethoven, your Horn Concerto [op. 86], an Overture (which is after all essential), and two vocal items to separate the orchestral pieces, is I suppose too long. I hear tell of a fine piano concerto by you, how about that?[7]

Undoubtedly David had in mind the new work; it was not premièred in this concert, however, but earlier on 14 February in the 16th subscription concert of the *Gewandhaus* orchestra under the direction of Julius Rietz with Clara Schumann at the piano. But Clara herself was obviously not satisfied with her own interpretation, as follows from Berthold Litzmann's biography with reference to her diary.

The *Illustrirte Zeitung* stated, on the other hand:

A new Concert Piece for Piano by Robert Schumann: Introduction and Allegro appasionato, was performed at the Leipzig *Gewandhaus* concert, played by the composer's wife Frau Clara Schumann who was received with thunderous applause.[8]

More detailed and critical were the opinions in the *Neue Zeitschrift für Musik*, founded by Schumann himself in 1834, and in the *Signale für die musikalische Welt*. In a detailed review of the concert in the *Signale* the piano part was in fact judged critically, the whole composition and Clara Schumann's playing, though, positively.

After the first public performance Schumann presumably made various corrections. A remark to Hermann Härtel, later publisher of the work, clearly indicates this. Schumann replaced the original variant of the coda with a second version. The composer once again rejected the ending of this version and replaced it with the variant presently in effect. It was not only the coda that was revised, though, but also the solo part, as can be seen in the sources extant. Possibly, the remark 'corrections' recorded by Schumann in his *Haushaltbuch* on 15 March 1850, a day after the première of the work, refers to the revisions of the Concert Piece.[9] It may be assumed, though not verified, that the work was heard at the second public performance in the definitive version. This took place on 13 March 1851 in Düsseldorf in the 'Eighth Musical Performance' of the *Allgemeine Musikverein*, at the *Concert des Musikdirectors Doctor Robert Schumann* under the direction of the composer with Clara Schumann at the piano. Clara Schumann spoke considerably more positively about this performance than about the première that took place in Leipzig the year before. Even Schumann himself was satisfied with the performance. He reported to Friedrich Whistling: 'The Concert Piece also produced a greater effect here than in Leipzig where the tempos were too extreme.'[10]

[6] Robert and Clara Schumann stayed from 5 February until 3 March 1850 in Leipzig.

[7] *Korespondencja Schumanna*, manuscripts of letters in the Bibliotheka Jagiellońska, Cracow, Poland, Vol. 21, No. 3821

[8] *Illustrirte Zeitung*, Vol. 14, new series, Vol. 2, No. 347 (Leipzig, 23 February 1850)

[9] *Robert Schumann. Tagebücher*, Vol. III, loc. cit., 518

[10] The original is lost, quoted from *Robert Schumann. Neue Ausgabe sämtlicher Werke*, Series IV, Works Group 3, Vol. 1, *Le psaume cent cinquantième*, *Verzweifle nicht im Schmerzensthal op. 93*, eds. Brigitte Kohnz and Matthias Wendt (Mainz, 2000), 179

The interpretation met with an approving opinion in the press reviews as well. Thus, the *Rheinische Musik-Zeitung* wrote:

Following this [i.e. Schumann's Overture to *Die Braut von Messina,* Op. 100] his universally revered lady wife also evinced surprising power and stamina in her performace of his composition Introduction and Allegro appasionato for Piano and Orchestra. In this piece of music with its genuinely symphonic character the masterly interweaving of the piano and orchestral parts is admirable in the highest degree and includes very delicate and genuinely new tonal effects. Nowhere does the storm of passion allow any lyrical repose. Some, it is true, who always only want forceful melodies, will not find full satisfaction in this brilliant web of sound. Given such a masterly performance it goes without saying that the applause was tempestuous.[11]

Owing to this success Schumann probably planned to perform the work again in Düsseldorf in 1853 in a subscription concert of the *Allgemeiner Musikverein,* which however came to nought. In subsequent years the work receded into the background. Of her husband's concertante piano works Clara Schumann played mainly his Piano Concerto Op. 54 and the Concert Allegro Op. 134, composed in 1853. There is evidence for only one other performance by her of the Concert Piece Op. 92 during Schumann's lifetime, in the 8th subscription concert of the Leipzig *Gewandhaus* on 6 December 1855 under the direction of Julius Rietz.

After Schumann's death the work was still placed occasionally on Clara Schumann's concert programmes. In addition to the single known performance for England on 16 March 1868 in London, performances are known to have taken place in the Leipzig *Gewandhaus* on 11 December 1862 in the 9th subscription concert and on 16 January 1873 in the 13th subscription concert. Other interpreters also took up the work after Schumann's death. Thus, it was part of the repertoire of Carl Reinecke, who performed it on several occasions in subscription concerts of the Leipzig *Gewandhaus* and, as teacher at the Leipzig Conservatory, made it known to his pupils.

Ute Bär
Translation: Margit McCorkle

---

[11] *Düsseldorfer Musikleben,* in: *Rheinische Musik-Zeitung,* vol. 1, no. 47 (Cologne, 24 May 1851), 373

VORWORT

Vier Jahre nach Vollendung seines Klavierkonzertes op. 54 wandte sich Robert Schumann 1849 erneut dem konzertanten Schaffen zu. Neben dem zwischen dem 18. und 20. Februar komponierten *Concertstück für vier Hörner und grosses Orchester* op. 86 entstand im gleichen Jahr zwischen dem 18. und 26. September, als er vornehmlich mit seinen vierhändigen Klavierstücken op. 85 beschäftigt war, das *Concertstück für das Pianoforte mit Begleitung des Orchesters* op. 92. Mit diesen einsätzigen Werken kehrte Schumann zu seinen Vorstellungen von 1836 bezüglich der Erneuerung der Gattung Solokonzert zurück, über die er sich in seiner Rezension des 6. Klavierkonzertes op. 90 von Ignaz Moscheles geäußert hatte:

Man müsste auf eine Gattung sinnen, die aus einem größeren Satz in einem mäßigen Tempo bestände, in dem der vorbereitende Theil die Stelle eines ersten Allegros, die Gesangstelle die des Adagio und ein brillianter Schluß die des Rondos vertreten.[1]

Auskunft über die Entstehung des Werkes geben sein *Projectenbuch* und sein *Haushaltbuch*. So vermerkte Schumann im *Projectenbuch* unter der Rubrik *Composition (in* [sic!] *Plane)* für das Jahr 1849 auch ein „Clavierconcert nach eigner Form"[2] und versah diese Eintragung ebenso wie andere hier notierte und später tatsächlich ausgeführte Kompositionspläne mit einem Erledigungskreuz. Unter der Rubrik *Compositionsübersicht* listete er die Werke dann chronologisch auf. Bezüglich des Konzertstückes op. 92 heißt es: „18–26sten September: Introduction und Allegro f. Pianoforte u. Orchester (in G) (op. 92)".[3] Detaillierte Informationen zur Entstehung des Werkes sind auch in Schumanns *Haushaltbuch* zu finden.[4]

Am 20. September, unmittelbar nach Abschluss des Entwurfs der Solostimme zur Erstniederschrift der autographen Partitur, vermerkte Clara Schumann hocherfreut in ihrem Tagebuch:

Robert hat heute die Skizze zu einem Konzert-Allegro mit Einleitung beendet und fängt nun an es zu instrumentieren. Ich freue mich sehr darauf, es zu spielen – sehr leidenschaftlich ist es, und gewiß werde ich es auch so spielen. Die Introduktion, die mir ganz klar geworden (Robert spielte mir es erst einmal vor), ist sehr schön, die Melodie eine tief empfundene, – das Allegro muß ich erst noch genauer kennen, um einen vollkommenen Eindruck davon zu haben.[5]

Die lyrische, in freier Form gestaltete kantabele Introduktion ähnelt einem Präludium. Umspielt von 32stel Akkordfigurationen des Soloinstruments tragen anfangs verschiedene Orchesterinstrumente vier Motive vor, die ineinander übergehen und somit eine große Melodielinie bilden. Eine kurze modulatorische Überleitung von G-Dur über D-Dur und a-Moll führt zu dem in T. 43 beginnenden, durch einen Tritonus-Auftakt harmonisch geschärften Allegro, einem Sonatensatz.

In der umfassenden Exposition (T. 43–200) erklingt in den T. 43–89 das Hauptthema zunächst im Dialog von Soloinstrument und Tutti. Anschließend wird es variiert vom Soloinstrument allein übernommen und nach der Wiederholung dieser beiden Teile abschließend nochmals vom Orchester dargeboten. Dem schließt sich in den T. 89–120 ein vom Soloinstrument allein vorgetragenes ruhigeres Seitenthema an. Die darauffolgende Schlussgruppe (T. 121–151) bringt ein drittes, auf die Introduktion bezugnehmendes Thema. Der Epilog (T. 151–199) greift nochmals das Hauptthema auf, das, vom Orchester vorgetragen, in C-Dur erklingt. Eine Modulation nach E-Dur führt zu der in T. 200 beginnenden

[1] *Neue Zeitschrift für Musik*, Bd. 4, Nr. 29, 8. April 1836, S. 123.
[2] Robert-Schumann-Haus Zwickau; Archiv-Nr.: *4871/VII C, 8–A3*, S. 14.
[3] Ebd., S. 43.
[4] Vgl. *Robert Schumann. Tagebücher*, Bd. III: *Haushaltbücher 1837–1856*, hg. von Gerd Nauhaus, Basel, Frankfurt² [1987], S. 503–504.
[5] Berthold Litzmann, *Clara Schumann. Ein Künstlerleben. Nach Tagebüchern und Briefen*, Bd. II: *Ehejahre 1840–1856*, Leipzig² 1906, S. 196.

zweiteiligen Durchführung (T. 200–299). Während im ersten Durchführungsteil (T. 200–244) die Themen der Exposition gleichermaßen vom Klavier und vom Orchester verarbeitet werden, nimmt der zweite Teil (T. 244–299) vornehmlich auf die ersten beiden Motive der Introduktion Bezug. In der sich anschließenden Reprise (T. 299–425) kommt es im Unterschied zur Exposition zur deutlichen Trennung von Soloinstrument und Orchester. Das Hauptthema wird, abgesehen von einem variierten Nachsatz in den T. 320–337, vom Orchester, das Seitenthema vom Klavier gespielt. Nach einem Reprisenepilog folgt in den T. 451–520 die mehrfach von Schumann revidierte Coda. Ähnlich wie im zweiten Teil der Exposition unterstreicht ein Wiederaufgreifen der beiden ersten Motive der Introduktion in der Coda die Zusammengehörigkeit beider Kompositionsteile.

Bereits wenige Monate nach der Komposition fand in Leipzig die Uraufführung des Konzertstückes statt. In Vorbereitung des Besuches von Robert und Clara Schumann in Leipzig[6] schrieb Ferdinand David am 18. Januar 1850 zur Programmgestaltung des beabsichtigten *Concertes zum Besten des Orchester-Pensionsfonds* am 25. Februar 1850 an Schumann:

Das Concert v.[on] B.[eethoven], Dein Horn-Concert, eine doch unerläßliche Ouverture und 2 Gesangsstücke, um die Instrumentalstücke zu trennen, ist doch woh[l] zu lang. [...] Ich höre von einem schönen Clavier-Concert von Dir, wie wäre es denn damit?[7]

Zweifellos meinte David das neue Werk, das aber nicht in diesem Konzert, sondern bereits am 14. Februar im 16. Abonnementkonzert des Gewandhausorchesters unter der Leitung von Julius Rietz mit Clara Schumann am Klavier uraufgeführt wurde. Mit ihrer eigenen Interpretation war sie selbst aber offensichtlich nicht zufrieden, was aus Berthold Litzmanns Biographie unter Bezug auf ihr Tagebuch hervorgeht.

Die *Illustrirte Zeitung* teilte dagegen mit:

Ein neues Concertstück für Pianoforte von Robert Schumann: Introd. ed Allegro appassionato, kam im Leipziger Gewandhaus-Concerte zum Vortrag und zwar durch die Gattin des Componisten, Frau Clara Schumann, welche damit den rauschendsten Beifall erntete.[8]

Ausführlicher und kritischer fielen die Urteile in der von Schumann 1834 selbst begründeten *Neuen Zeitschrift für Musik* und den *Signalen für die musikalische Welt* aus. In einer detaillierten Konzertrezension in den *Signalen* wird der Klavierpart zwar kritisch, die ganze Komposition und das Spiel Clara Schumanns jedoch positiv beurteilt.

Vermutlich nach der ersten öffentlichen Darbietung nahm Schumann verschiedene Korrekturen vor. Darauf deutet eine Bemerkung an Hermann Härtel, dem späteren Verleger des Werkes, hin. Schumann ersetzte die ursprüngliche Variante der Coda durch eine Zweitfassung. Den Schluss dieser Fassung verwarf der Komponist erneut und ersetzte ihn durch die heute gültige Variante. Revidiert wurde aber nicht nur die Coda, sondern nachweislich, wie aus den überlieferten Quellen hervorgeht, auch die Solostimme. Möglicherweise bezieht sich der Vermerk „Correkturen", den Schumann am 15. März 1850, einen Tag nach der Uraufführung des Werkes in seinem *Haushaltbuch* notierte, auf die Revisionen des Konzertstückes.[9] Dass das Werk bei der zweiten öffentlichen Aufführung in der gültigen Fassung erklang ist zu vermuten, jedoch nicht zu belegen. Diese fand am 13. März 1851 in Düsseldorf in der *Achten musikalischen Aufführung* des Allgemeinen Musikvereins, dem *Concert des Herrn Musikdirectors Doctor Robert Schumann* unter der Leitung des Komponisten mit Clara Schumann am Klavier statt. Über diese Aufführung äußerte sich Clara Schumann wesentlich positiver als über die ein Jahr zuvor in Leipzig stattgefundene Uraufführung. Auch Schumann selbst war mit der Aufführung zufrieden. Friedrich Whistling teilte er mit:

---

[6] Robert und Clara Schumann weilten vom 5. Februar bis zum 3. März 1850 in Leipzig.

[7] *Korespondencja Schumanna*, Briefhandschriften in der Bibliotheka Jagiellońska Kraków, Polen, Bd. 21, Nr. 3821.

[8] *Illustrirte Zeitung*, Bd. 14, Neue Folge, Bd. 2, Nr. 347, Leipzig, 23. Februar 1850.

[9] *Robert Schumann. Tagebücher*, Bd. III, a.a.O., S. 518.

„Auch das Concertstück brachte hier eine größere Wirkung hervor, als in Leipzig, wo die Tempi's übertrieben wurden."[10]

Ebenso fand die Interpretation in den Presserezensionen ein zustimmendes Urteil. So schrieb die *Rheinische Musik-Zeitung*:

Auch seine allverehrte Gemahlin entwickelte überraschende Macht und Ausdauer im Vortrag seiner hierauf [d. h. im Anschluss von Schumanns Ouvertüre zur *Braut von Messina* op. 100] zu Gehör gebrachten Composition: "Introduction und Allegro appassionato für Pianoforte und Orchester". In diesem Tonstücke von ächt sinfonischem Charakter ist die meisterhafte Verwebung der Clavier- und Orchesterstimmen höchst bewundernswerth: sehr feine und wirklich neue Klangwirkungen tauchen darin auf. [...] Der so reiche Beifall bei so meisterhafter Ausführung versteht sich von selbst.[11]

Aufgrund dieses Erfolges plante Schumann wohl, das Werk 1853 in Düsseldorf nochmals in einem Abonnementkonzert des Allgemeinen Musikvereins aufzuführen, wozu es allerdings nicht gekommen ist. In den Folgejahren rückte das Werk in den Hintergrund. Clara Schumann spielte von den konzertanten Klavierwerken ihres Mannes vornehmlich sein Klavierkonzert op. 54 und das 1853 entstandene Konzert-Allegro op. 134. Eine Aufführung des Konzertstückes op. 92 zu Schumanns Lebzeiten durch sie ist nur noch einmal im 8. Abonnementkonzert des Leipziger Gewandhauses vom 6. Dezember 1855 unter der Leitung von Julius Rietz belegt.

Nach Schumanns Tod stand das Werk nur noch gelegentlich auf Clara Schumanns Konzertprogrammen. Neben dem für England einzig überlieferten Vortrag vom 16. März 1868 in London sind Aufführungen im Leipziger Gewandhaus am 11. Dezember 1862, im 9. Abonnementkonzert und am 16. Januar 1873 im 13. Abonnementkonzert bekannt. Auch andere Interpreten nahmen sich nach Schumanns Tod des Werkes an. So gehörte es zum Repertoire von Carl Reinecke, der es verschiedentlich in Abonnementkonzerten des Leipziger Gewandhauses aufführte und als Lehrer des Leipziger Konservatoriums an seine Schüler vermittelte.

Ute Bär

---

[10] Original verschollen, zitiert nach *Robert Schumann. Neue Ausgabe sämtlicher Werke*, Serie IV, Werkgruppe 3, Bd. 1, *Le psaume cent cinquantième, Verzweifle nicht im Schmerzensthal op. 93*, hg. von Brigitte Kohnz und Matthias Wendt, Mainz 2000, S. 179.

[11] *Düsseldorfer Musikleben,* in: *Rheinische Musik-Zeitung,* 1. Jg., Nr. 47, Köln, 24. Mai 1851, S. 373.

PRÉFACE

En 1849, quatre ans après l'achèvement de son Concerto pour piano, op.54, Robert Schumann se tourna de nouveau vers le style concertant. Après la *Pièce de concert pour quatre cors et grand orchestre* (*Concertstück für vier Hörner und grosses Orchester*), op.86, remontant aux 18-20 février, il composa la *Pièce de concert pour le pianoforte avec accompagnement d'orchestre* (*Concertstück für das Pianoforte mit Begleitung des Orchesters*), op.92, entre le 18 et le 26 septembre, alors qu'il était essentiellement absorbé par ses autres *Pièces de piano*, op.85, pour piano à quatre mains. Ces œuvres en un mouvement procédaient des principes que Schumann avait énoncés dès 1836, concernant notamment le renouvellement de la forme du solo de concert sur lequel il s'était ainsi exprimé dans un compte-rendu du sixième concerto pour piano, op.90, d'Ignaz Moscheles :

Il faudrait réfléchir à une forme qui consisterait en un grand mouvement dans un *tempo* moyen et dans laquelle la partie introductive remplacerait le premier *allegro*, la partie lyrique l'*adagio*, et une brillante conclusion le *rondo*.[1]

Son *Projectenbuch* (carnet de projets) et son *Haushaltbuch* (carnet écrit au jour le jour avec son épouse Clara) renseignent sur la genèse de l'œuvre. Ainsi, Schumann mentionna-t-il dans son *Projectenbuch*, sous la rubrique « Composition (en projet) » pour l'année 1849, un « concerto pour piano d'une forme particulière »[2] et fit suivre cette entrée, de même que d'autres projets de compositions notés ici et effectivement achevés plus tard, d'une croix indiquant sa réalisation. Sous la rubrique « relevé de composition », Schumann établit une liste de ses œuvres dans leur ordre chronologique. La mention du *Konzertstück*, op.92, est accompagnée de l'inscription « 18-26 septembre : Intro-

duction et Allegro pour pianoforte et Orchestre (en *sol*) (op.92) ».[3] Le *Haushaltbuch* fournit également des renseignements détaillés sur la création de l'œuvre.[4] Le 20 septembre, immédiatement après l'achèvement du brouillon de la partie de soliste et avant sa transcription sur le manuscrit autographe, Clara s'enthousiasma dans son journal :

Robert a terminé aujourd'hui l'esquisse d'un Allegro de concert avec introduction et commence maintenant à l'instrumenter. Je me réjouis beaucoup de le jouer – il est très passionné et je le jouerai assurément ainsi. L'introduction, qui me semble parfaitement claire (Robert ne me l'a jouée qu'une fois), est très belle, la mélodie en est profondément ressentie – Je dois encore me familiariser plus précisément avec l'Allegro pour en avoir une impression complète.[5]

L'introduction lyrique de forme libre et *cantabile* s'apparente à un prélude. Accompagnés de figurations en triples croches sur des accords de l'instrument soliste, différents instruments de l'orchestre présentent d'emblée quatre motifs qui, en s'entrecroisant, forment une large ligne mélodique. Une brève transition modulant de *sol* majeur à *ré* majeur et *la* mineur conduit vers l'*Allegro*, véritable mouvement de sonate à l'harmonie précise débutant sur une anacrouse de triton à la mesure 43.

Dans la longue exposition (mesures 43 à 200), le thème principal apparaît dans les mesures 43 à 89, tout d'abord en dialogue entre le soliste et le *tutti* de l'orchestre, puis varié par l'instrument soliste seul et enfin, après la reprise de ces deux sections, énoncé une fois encore par l'orchestre. Il s'y joint, dans les mesures 89 à 120, un thème secondaire paisible confié au soliste seul. La conclusion qui suit

---

[1] *Neue Zeitschrift für Musik*, Vol.4, n°29, 8 avril 1836, p.123

[2] Robert-Schumann-Haus, Zwickau ; archive n° *4871/VII C, 8-A3*, p.14

[3] *Ibidem*, p.43

[4] Cf. *Robert Schumann. Tagebücher*, Vol.III. *Haushaltbücher 1837-1856*, éd : Gerd NAUHAUS, Bâle, Frankfurt, 1987 (2è éd), p.503-504

[5] Berthold LITZMANN, *Clara Schumann. Ein Künstlerleben. Nach Tagebüchern und Briefen*, Vol.II : *Ehejahre 1840-1856*, Leipzig, 1906 (2é éd.), p.196

(mesures 120 à 151) amène un troisième thème apparenté à l'introduction. L'épilogue (mesure 121 à 200) reprend le thème principal dans la tonalité de *do* majeur à l'orchestre. Une modulation vers *mi* majeur conduit, dès la mesure 20, au développement en deux parties (mesure 200 à 299). Tandis que dans la première partie du développement (mesures 200 à 244), les thèmes de l'exposition sont traités à égalité par le piano et par l'orchestre, la deuxième partie (mesures 244 à 299) s'appuie essentiellement sur les deux premiers motifs de l'introduction. Dans la reprise suivante (mesures 299 à 425), à la différence de l'introduction, le soliste et l'orchestre sont nettement séparés, le thème principal étant, à l'exception d'une variation secondaire des mesures 320 à 337, joué par l'orchestre et le thème secondaire par le piano. La *coda* des mesures 451 à 520, maintes fois retouchée par Schumann, suit un épilogue de reprise. De même que dans la deuxième partie de l'exposition, la réapparition des deux premiers motifs de l'introduction dans la *coda* souligne l'appartenance commune des deux parties de l'œuvre.

La création du *Konzertstück* eut lieu à Leipzig, quelques mois à peine après sa composition. Préparant la visite de Robert et de Clara Schumann en cette ville[6], Ferdinand David écrivit à Schumann le 18 janvier 1850 en vue de l'établissement du programme du « Concert au profit du fond de pension de l'orchestre » prévu le 25 février 1850 :

Le concerto de Beethoven, ton concerto pour cor, encore une ouverture indispensable et deux mélodies vocales pour séparer les pièces instrumentales forment un ensemble trop long. [...] J'ai entendu parler d'un beau concerto pour piano que tu as composé. Qu'en serait-il ?[7]

David faisait sans doute allusion à la nouvelle œuvre qui ne fut, toutefois, pas créée lors de ce concert mais dès le 14 février, lors du seizième

concert en souscription de l'orchestre du Gewandhaus, sous la direction de Julius Rietz avec Clara Schumann au piano. Il ressort, cependant, du journal de Clara, selon la biographie de Berthold Litzmann, qu'elle ne fut pas satisfaite de sa propre interprétation.

Cette appréciation ne fut pourtant pas partagée par l'*Illustrirte Zeitung* :

Une nouvelle œuvre concertante pour piano de Robert Schumann : *Introduction ed Allegro appassionato* fut présentée à Leipzig, au concert du Gewandhaus, avec au piano l'épouse du compositeur, madame Clara Schumann, qui s'est attiré le succès le plus éclatant.[8]

Les revues *Neue Zeitschrift für Musik*, fondée par Schumann lui-même, et *Signale für die musikalische Welt* fournirent des jugements plus denses et critiques sur l'œuvre. Un compte-rendu détaillé du concert paru dans *Signale*, quoique réservé sur la partie de piano, estima positivement l'ensemble de la composition et le jeu de Clara Schumann.

On peut supposer que Schumann apporta diverses corrections à la partition à la suite de cette première exécution publique, ainsi que le prouverait une réflexion faite à Hermann Härtel, éditeur ultérieur de l'œuvre. Schumann remplaça la version originale de la *coda* par une deuxième variante, dont il abandonna la conclusion pour la remplacer par celle de la version actuelle. La *coda* ne fut pas seule modifiée, mais, d'après les sources existantes, également la partie de soliste. L'inscription « *Correcturen* » portée par Schumann dans son *Haushaltbuch* le 15 mars 1850, le lendemain de la création de l'œuvre, se rattache, semble-t-il, à la révision du *Konzertstück*.[9] Il se peut, mais sans certitude, que l'œuvre fût jouée dans sa version définitive lors de sa deuxième exécution publique, le 13 mars 1851 à Düsseldorf, pendant la « huitième exécution musicale » de l'*Allgemeine Musikverein*, consacrée au « *Concert des Herrn Musikdirectors Doctor Robert Schumann* », sous la

---

[6] Robert et Clara Schumann séjournèrent du 5 février au 3 mars 1850 à Leipzig.
[7] *Korespondencja Schumanna*, manuscrits de lettres conservés à la Bibliotheka Jagiellońska (Krakow, Pologne), Vol.21, n°3821

[8] *Illustrirte Zeitung*, Vol.14, nouvelle série vol.2, n°347, Leipzig, 23 février 1850
[9] *Robert Schumann. Tagebücher*, Vol.III, loc. cit., p.518

direction du compositeur, avec Clara Schumann au piano, qui évoqua bien plus favorablement cette exécution que la création de l'année précédente à Leipzig. Schumann en fut pareillement satisfait. Il déclara à Friedrich Whistling : « Le *Concertstück* fit aussi beaucoup plus d'effet ici qu'à Leipzig où les *tempi* ont été exagérés. »[10]

L'interprétation de Clara fut, de même, unanimement bien accueillie par la presse. Le *Rheinische Musik-Zeitung* écrivit :

Son épouse très honorée déploya également une puissance et une endurance étonnantes dans la composition qu'elle fit entendre ensuite [à la suite de l'ouverture de *La fiancée de Messine*, op.100] : *Introduction und Allegro appassionato* pour pianoforte et orchestre. Dans cette pièce de pur caractère symphonique, l'imbrication des parties de piano et d'orchestre est hautement remarquable : des effets très raffinés et authentiquement nouveaux émergent. [...] Le triomphe complet se comprend de lui-même après une exécution aussi magistrale.[11]

Fort de ce succès, Schumann entretint le projet de redonner l'œuvre en 1853 à Düsseldorf, lors d'un concert de souscription de l'*Allgemeine Musikverein*, mais celui-ci n'aboutit pas. L'œuvre passa en arrière-plan au cours des années suivantes. Des œuvres concertantes pour piano de son mari, Clara Schumann jouait essentiellement son concerto pour piano op.54 et l'*Allegro de concert*, op.134, de 1853. Elle ne donna qu'une exécution du *Konzertstück* op.92 du vivant de Schumann, au huitième concert de souscription du *Gewandhaus* de Leipzig du 6 décembre 1855, sous la direction de Julius Rietz.

Après la mort de Schumann, l'œuvre figura encore occasionnellement aux programmes des concerts de Clara Schumann. Une exécution unique en Angleterre, qui eut lieu à Londres le 16 mars 1868, et d'autres organisées par le *Gewandhaus* de Leipzig le 11 décembre 1862, lors du neuvième concert de souscription et le 16 janvier 1873, lors du treizième, en sont ainsi connues. Différents interprètes s'attachèrent également à cette œuvre après la disparition du compositeur, en particulier Carl Reinecke qui l'intégra à son répertoire, la joua à des concerts d'abonnement du *Gewandhaus* de Leipzig et la transmit à ses disciples du conservatoire de Leipzig.

Ute Bär
Traduction : Agnès Ausseur

---

[10] Original perdu. Cité d'après *Robert Schumann : Neue Ausgabe sämtlicher Werke*, série IV, section 3, vol.1, *Le psaume cent cinquantième, Verzweifle nicht im Schmerzensthal* op.93, éd. Brigitte Kohnz et Matthias Wendt, Mainz, 2000, p.179

[11] *Düsseldorfer Musikleben*, in : *Rheinische Musik-Zeitung*, 1, nᵒ 47, Köln, 24 mai 1851, p.373

CRITICAL NOTES

Extant Sources

P   Autograph Score
     Staatsbibliothek zu Berlin, Preußischer Kulturbesitz, Musikabteilung mit Mendelssohn-Archiv, siglum: *Mus. ms. autogr. R. Schumann 15*
     In 1887 the autograph score was offered by Clara Schumann for sale together with other autographs of Robert Schumann to the Königliche Bibliothek in Berlin. From 1890 it was deposited in the manuscript department there. With the financial backing of the Berlin publisher and book dealer Dr Hermann Paetel, who took over the price set by the state, it came into the possession of the present-day owner institution. The draft of the first version first completely executed and provided with autograph corrections followed between 20 and 26 September 1849 in Dresden. After 26 September Schumann made several revisions that cannot be dated precisely to the coda.

OS   First edition of the solo part
     Leipzig, Breitkopf & Härtel, March 1852
     Title page: *INTRODUCTION / und / Allegro appassionato / CONCERTSTÜCK für das / Pianoforte / MIT BEGLEITUNG DES ORCHESTERS / von ROBERT SCHUMANN: / Op. 92. / Eigenthum der Verleger. / Leipzig, bei Breitkopf & Härtel. / Pr. mit Orch. 3 Thlr._ [10] Ngr. / ohne " [Orch.] 1 " [Thlr.] 10 "[Ngr.] / [Plate number] 8417 / Eingetragen in das Vereinsarchiv.*
     The musical text contains, as well as the solo part, cue notes, in some cases along with the instruments concerned. For the most part these are already to be found in P. The verso pages of the title page and the last sheet of musical text are blank.

OO   First edition of the orchestral parts
     Leipzig, Breitkopf & Härtel, March 1852
     At present the evidence are only two complete printed sets of orchestral parts in the

KRITISCHE ANMERKUNGEN

Überlieferte Quellen

P   Autographe Partitur
     Staatsbibliothek zu Berlin, Preußischer Kulturbesitz, Musikabteilung mit Mendelssohn-Archiv, Signatur: *Mus. ms. autogr. R. Schumann 15*
     Die autographe Partitur wurde 1887 von Clara Schumann zusammen mit anderen Autographen Robert Schumanns der Königlichen Bibliothek Berlin zum Kauf angeboten. Seit 1890 befand sie sich als Depositum in der dortigen Handschriftenabteilung. Durch die Finanzierung des Berliner Verlagsbuchhändlers Dr. Hermann Paetel, der die vom Staat ausgelegte Kaufsumme übernahm, ist es in den Besitz der heutigen Besitzerinstitution übergegangen. Die vollständig ausgeführte und mit autographen Korrekturen versehene Ernstniederschrift erfolgte zwischen dem 20. und 26. September 1849 in Dresden. Nach dem 26. September nahm Schumann mehrere, nicht genau datierbare Umarbeitungen der Coda vor.

OS   Originalausgabe der Solostimme
     Leipzig, bei Breitkopf & Härtel, März 1852
     Titelblatt: *INTRODUCTION / und / Allegro appassionato / CONCERTSTÜCK für das / Pianoforte / MIT BEGLEITUNG DES ORCHESTERS / von ROBERT SCHUMANN: / Op. 92. / Eigenthum der Verleger. / Leipzig, bei Breitkopf & Härtel. / Pr. mit Orch. 3 Thlr._ [10] Ngr. / ohne " [Orch.] 1 " [Thlr.] 10 "[Ngr.] / [Plattennummer] 8417 / Eingetragen in das Vereinsarchiv.*
     Der Notentext enthält neben dem Solopart Stichnoten, die teilweise mit Instrumentenangaben versehen und größtenteils bereits in P belegt sind. Die verso-Seiten des Titel- und des letzten Notenblattes sind leer.

OO   Originalausgabe der Orchesterstimmen
     Leipzig, bei Breitkopf & Härtel, März 1852
     Nachzuweisen sind derzeit lediglich zwei vollständig gedruckte Orchesterstimmen-

music archive of the Leipzig *Gewandhaus* (without siglum) and at the Robert-Schumann-Haus Zwickau. In the Gesellschaft der Musikfreunde in Vienna there is extant only a set of wind parts and the timpani part. The print is identical with the extant parts in the Leipzig *Gewandhaus*. A title page is not available in the preserved sets of parts.

OO2 Plate edition of the first edition of the orchestral parts
Leipzig, Breitkopf & Härtel
Only the string parts of this plate edition have survived in a copy at the Robert Schumann Forschungsstelle in Düsseldorf. The precise publication date of the plate edition cannot be determined. It's possible, that it had been available before 1864, since the corrections which it contains found their way into the copyist's manuscript score, the property of Alois Schmitt, which dates from that year.
Unlike the first edition OO, in OO2 in the parts for violin II and cello/bass *sf* was added at bar 511 and in violin II *f* was engraved at bar 481 instead of in the preceding bar 480, 4th beat. These differences can also be found in the revised version of the coda of the autograph score, and in the printed score published by Breitkopf & Härtel in 1873.

Evaluation of Sources and Edition
The genesis of the work is imperfectly documented in the surviving sources. All that exists are the autograph score with its numerous corrections and omissions P and the first edition, which was supervised by the composer, of the solo and orchestral parts OS, OO.

The drafts of the solo part for the first version of the autograph score and for the revised second version of the coda, along with the various stages of the text between the autograph score and the first edition are not extant. However, as the differences between the surviving

sätze im Notenarchiv des Leipziger Gewandhauses (ohne Signatur) und im Robert-Schumann-Haus Zwickau. In der Gesellschaft der Musikfreunde in Wien ist lediglich ein Bläserstimmensatz und die Paukenstimme überliefert. Der Druck ist mit den im Leipziger Gewandhaus überlieferten Stimmen identisch. Ein Titelblatt ist in den erhaltenen Stimmensätzen nicht vorhanden.

OO2 Plattenauflage der Orchesterstimmen
Leipzig, bei Breitkopf & Härtel
Von dieser Plattenauflage sind nur die Streicherstimmen in einem Exemplar in der Robert-Schumann-Forschungsstelle Düsseldorf überliefert.
Das genaue Erscheinungsdatum der Plattenauflage ist nicht genau zu bestimmen. Sie muss aber vor 1864 vorgelegen haben, da die hierin enthalten Korrekturen in die aus diesem Jahr stammende Partiturabschrift aus dem Besitz von Alois Schmitt eingeflossen sind.
Gegenüber der Originalausgabe OO wurde in OO2 in den Stimmen von Violine II und Violoncello/Bass jeweils in T. 511 *sf* ergänzt und in Violine II *f* in T. 481 statt bereits T. 480, 4. ZZ gestochen. Diese Angaben sind ebenso in der revidierten Codafassung der autographen Partitur sowie in der 1873 bei Breitkopf & Härtel gedruckten Partitur zu finden.

Quellenbewertung und Edition
Die Werkgenese ist in den überlieferten Quellen nur lückenhaft dokumentiert. Vorhanden sind lediglich die zahlreiche Korrekturen und Auslassungen aufweisende autographe Partitur P und die vom Komponisten überwachte Originalausgabe der Solo- und der Orchesterstimmen (OS, OO).

Die Entwürfe der Solostimme zur Erstniederschrift der autographen Partitur und zur revidierten zweiten Codafassung sowie die Textstufen zwischen der autographen Partitur und den Originalausgaben sind verschollen. Wie

sources, P, OO and OS show, Schumann, between the end of the work on P and the printing of OO and OS, reworked the work with regard to content and made amendments in the lost copies of the solo and orchestral parts as well as also in the galley proofs. The complete revised text of the work was presumably to be found in the lost manuscript parts and was taken over in OS and OO.

The autograph score P must therefore be ruled out as the basis for our edition; as must also the score printed posthumously in 1873, and the edition of the score that appeared in 1884 in the *AGA*, both of which are based on OO and OS. Both prints of the score also contain editorial interventions by unknown hands, which is why they cannot be considered as sources for the present edition.

Therefore the first editions OS and OO as authorized final versions constitute the principal source of the present edition. At the same time the autograph score cannot be entirely disregarded as a source. By back references to it, discrepancies in the dynamic and agogic markings, among other things, in the separately printed performance parts OO, along with possible engraving errors, can be editorially amended.

On the other hand as far as the solo part is concerned, because of the extensive corrections which were made in the lost copy, back reference to P is possible only to a very limited degree.

In the following individual notes the differences in the two principle sources OO and OS are listed. These are based on the editorial report of volume I/2/2 of the New Edition of the Complete Works of Schumann.[1] Mentioned there are also all the existing differences in the autograph score.

Additions to the musical text by the editor are identified by [ ] or broken lines (placing of slurs).

die Unterschiede zwischen den überlieferten Quellen (P, OO und OS) zeigen, hat Schumann zwischen dem Abschluss der Arbeiten an P und dem Druck von OO und OS das Werk konzeptionell überarbeitet und in den verschollenen Abschriften der Solo- und Orchesterstimmen sowie möglicherweise auch in Korrekturfahnen Änderungen vorgenommen. Der revidierte vollständige Werktext lag wohl in den verschollenen handschriftlichen Stimmen vor und wurde in OS und OO übernommen.

Die autographe Partitur P scheidet somit als Editionsgrundlage aus; ebenso der postume Partiturdruck von 1873 und die 1884 im Rahmen der *AGA* erschienene Partiturausgabe, die beide auf OO und OS basieren. Beide Partiturdrucke enthalten redaktionelle Eingriffe von fremder Hand, weshalb sie als Quellen nicht in Betracht kommen.

Somit stellen die Originalausgaben OS und OO als autorisierte Fassung letzter Hand die Hauptquelle der vorliegenden Ausgabe dar. Allerdings ist die autographe Partitur als Quelle nicht ganz auszuschließen. Durch den Rückbezug hierauf können u. a. Diskrepanzen in der dynamisch-agogischen Auszeichnung in den voneinander getrennt gedruckten Aufführungsstimmen OO sowie eventuelle Stichfehler editorisch reguliert werden.

Dagegen ist bei der Solostimme aufgrund der umfassenderen Korrekturen, die in verschollenen Abschrift erfolgt sind, ein Rückbezug auf P nur in sehr eingeschränktem Maße möglich.

In den folgenden Einzelanmerkungen werden die Unterschiede zu den beiden Hauptquellen OO und OS aufgelistet. Diese basieren auf dem Revisionsbericht des Bandes I/2/2 der Neuen Schumann-Gesamtausgabe.[1] Dort sind auch alle die zur autographen Partitur bestehenden Unterschiede benannt.

Ergänzungen des Herausgebers im Notentext werden durch [ ] bzw. Strichelungen (Bogensetzung) kenntlich gemacht.

[1] *Robert Schumann. New Edition of the Complete Works,* Series I, Work Group 2, Vol. 2, *Concert Pieces for Piano and Orchestra opp. 92. and 134,* ed. Ute Bär; *Klavierkonzertsatz d-Moll Anhang B5,* ed. Bernhard R. Appel, Mainz, 2007.

[1] *Robert Schumann. Neue Ausgabe sämtlicher Werke,* Serie I, Werkgruppe 2, Bd. 2, *Konzertstücke für Klavier und Orchester opp. 92. u. 134,* hg. von Ute Bär; *Klavierkonzertsatz d-Moll Anhang B5,* hg. von Bernhard R. Appel, Mainz 2007.

Einzelanmerkungen

Takt	System	Quelle	Anmerkungen
		OO	Metronomangabe fehlt in allen Stimmen
1–24	Pf.		Die Töne der aufsteigenden Linie sind ebenso wie die der absteigenden Linie gleichmäßig zu spielen.
2–3	Pf.	OS	◁ zu T. 2, 4. ZZ, Neuansatz T. 3 mit 1. ZZ 3.16tel g beginnend (Systemwechsel) und bis 2. ZZ 9. 16tel g¹ notiert; die Ausgabe folgt P
6	Pf.	OS	◁ mit 1. ZZ 3. 16tel g beginnend und 3. ZZ 1. 16tel G endend; die Ausgabe folgt P
		OS	Bogen bis Ende 2. ZZ und zu 3.–4. ZZ notiert, Bogenneubeginn T. 7, 2. ZZ. Da sowohl bis T. 6 als auch in den folgenden Takten der Introduktion in der Regel eine Übereinstimmung in der Bogenführung zwischen dem Pf. und einem parallel geführten Orchesterinstrument vorliegt, wird in der Ausgabe die Bogensetzung an das V.-Hn. 1 angeglichen; vgl. ebenso T. 8, 15–16 und 20–22.
8	Pf.	OS	Bogen geteilt, 1. Bogen mit 3. ZZ endend, 2. Bogen zu. ZZ; die Ausgabe folgt P; vgl. Anm. zu T. 6
12	Vl. I	OO	Überbindung bis T. 13 OO; in der Ausgabe an Clar. 1 angeglichen
13/20	Vc.	OO	Die Angabe *Tutti* bezieht sich auf das Spiel aller Celli.
14	Pf.	OS	*Ped.* vor 1. 32stel notiert
15	Vc.	OO	Die Angabe *Solo* bezieht sich wie in T. 1 auf das Spiel von nur einem Cello.
15–16	Pf.	OS	Bogen T. 15 mit 3. ZZ endend, Bogenneuansatz T. 15, 4. ZZ mit Überbindung zu T. 16 nicht eindeutig der Pf.-Stimme oder den Stichnoten zuordnenbar, in T. 16 Bogenneubeginn mit 1. ZZ 1. 32stel; die Ausgabe folgt P, vgl. Anm. zu T. 6
16	Pf.	OS	Bogen bis Taktende notiert
17	Hob. 2	OO	*dolce* fehlt
18	Pf.	OS	4. ZZ: Die metrisch ungenaue Notierung (16tel g² und fis² mit letzter 32stel-Triolennote der unteren Behalsung zusammen behalst) wird in die Ausgabe als ideomatische Wendung übernommen.
19	Pf.	OS	Bogen nicht eindeutig der Pf.-Stimme oder den Stichnoten zuzuordnen; die Ausgabe folgt P
20–22	Pf.	OS	Bogen bis T. 22, 3. ZZ fehlt; die Ausgabe folgt entsprechend der in den Anmerkungen zu T. 6 angedeuteten Parallelführung zwischen Pf.- und Orchesterstimmen P.
21	Vl. II	OO	Bogen mit 1. ZZ beginnend; in der Ausgabe an Br. angeglichen
21–22	Fl. 2	OO	Überbindung T. 21–22 fehlt; die Ausgabe folgt P

22	Hob. 2	OO	Pause zu 1.–4. ZZ; die Ausgabe folgt P, wo Doppelbehalsung von ♩. und Streichung der Pause nachträglich mit Blei erfolgte und vermutlich nicht wie die Korrektur von Fl. 2 in die handschriftlichen Stimmen übertragen wurde
	Pf.	OS	2. ZZ: 1. 32stel g fehlt; in der Ausgabe entsprechend der Abbreviaturangabe wie in P notiert
22–24	Pf.	OS	Bogen fehlt. Entsprechend der bisherigen parallelen Bogenführung zwischen den melodieführenden Orchesterstimmen (hier V.-Hn. 1) und dem Pf. wird der ab T. 22, 4. ZZ fehlende Bogen entsprechend T. 20–22 in der Edition hinzugefügt. Möglicherweise ist der Bogen im Horn erst nachträglich ergänzt und nicht in die Pf.-Stimme übertragen worden.
23	V.-Hn. 1	OO	1. Bogen über 3. Viertel hinaus gestochen, 2. Bogen mit 4. ZZ beginnend
24	V.-Hn.	OO	p nur in der Stimme des einsetzenden V-Hn. 2 notiert
25	Bläser	OO	cresc. unterschiedlich zwischen T. 25, 1 ♩ und Taktstrich zu T. 26 notiert; in der Ausgabe an die Notation der Streicherstimmen in OO angeglichen
	Vc.	OO	♮ zu cis fehlt
28	Pf., o. Syst.	OS	4. ZZ: d¹/d² zusammen behalst; die Ausgabe folgt in Anlehnung an T. 27 P
33	Pf.	OS	Ped. vor 1. ZZ notiert
34	Orchester	OO	jeweils rit. gestochen; die Ausgabe folgt OS
		OO	jeweils a tempo
34–35	Hob. 1	OO	Bogen zwischen h² und g² durch Angabe a tempo unterbrochen; die Ausgabe folgt in Anlehnung an die anderen Bläserstimmen P
34–38	Fl. 1; Clar 1, 2; Fg. 2; Vl. I	OO	durchgängiger Bogen T. 36 nach 3. ZZ unterbrochen; die Ausgabe folgt in Bezug auf P der Bogenführung aus Fl. 2 und Fg. 1
35	Pf.	OS	1. ZZ: ↻ zu 6. 32stel d notiert
35–38	Vl. II	OO	Bogen geteilt zu T. 35–36 und 37–38 gestochen (Akkoladenwechsel nach T. 36)
38	Vl. II	OO	Bogen bis 1. ZZ 4. 16tel notiert; die Ausgabe folgt in Anlehnung die übrigen Stimmen P
38–39	Pf., u. Syst.	OS	zusätzlich Bogen zu e-fis
39	Vl. II	OO	p statt pp; die Ausgabe folgt in Anlehnung an die anderen Streicherstimmen P
40	Pf.	OS	mit statt Mit
42–43		OO	Metronomangabe zum Allegro fehlt in allen Stimmen
43		OO	ff unterschiedlich zwischen T. 42, 4. ZZ–T. 43, 1. ZZ, aber stets vor sf gestochen
50	Pf.	OS	p zusätzlich unter dem u. Syst. notiert
50–51	Pf., o. Syst.	OS	4. ZZ: Die metrisch ungenaue Notierung (Achtel e¹ der oberen Behalsung mit letzter Achtel-Triolennote der

			unteren Behalsung zusammen behalst) wird ebenso wie T. 54–55, 58–65, 74, 76, 78–81, 320–321, 324–325, 328–335 in die Ausgabe als ideomatische Wendung übernommen.
51, 54–55	Pf., o. Syst.	OS	2. ZZ: zusätzlich 𝄽 notiert; in der Ausgabe in Anlehnung an die Parallelstellen (u. a. an T. 56) gestrichen; vgl. ebenso T. 75–80
52	Pf., o. Syst.	OS	< 3. ZZ 3. Triolen-Achtel beginnend; die Ausgabe folgt P
53–54	Pf., o. Syst.	OS	> zu T. 53, 3.–4. ZZ; in der Ausgabe nach T. 57–58 reguliert
	Br.	OO	< zwischen 2. u. 3. ZZ beginnend; in der Ausgabe Bogenbeginn an Vc., OO angeglichen
53	Vc.	OO	*Solo* über dem System notiert. Im Unterschied zu T. 1 (*Ein Cello allein)* ist hier nicht anzunehmen ist, dass nur ein Cello spielen soll. Da der Vermerk bei der hier vorliegenden Doppelnotierung von Vc. und Cb. trotz Pausennotierung im Cb. vielmehr als Hinweis zu verstehen ist, dass nur die Celli spielen, folgt die Ausgabe P; vgl. ebenso T. 75, 93. Entsprechend ist mit dem Vermerk *Tutti* in T. 68, 82, 151, 188, 441 das Spiel von Vc. und Cb. gemeint
56–57	Pf., o. Syst.	OS	< T. 56, 3. ZZ 2. Triolen-Achtel beginnend; in der Ausgabe nach T. 53 korrigiert; vgl. ebenso T. 58–59
57–58	Pf., o. Syst.	OS	> zu T. 57, 3.–4. ZZ (Akkoladenwechsel); die Ausgabe folgt P
58–59	Pf., o. Syst.	OS	< T. 58, 3. ZZ 2. Triolen-Achtel beginnend; in der Ausgabe nach T. 53 korrigiert; vgl. ebenso T. 56–57
58–65	Pf., o. Syst.	OS	Die metrisch ungenaue Notierung T. wird in die Ausgabe als ideomatische Wendung übernommen (vgl. Anm. T. 50–51).
60–61	Pf., o. Syst.	OS	> zu T. 60, 3.–4. ZZ (Seitenwechsel); in der Ausgabe Gabelbeginn nach OS, Gabelende nach P notiert
66	Pf.	OS	*Ped.* vor 3. ZZ notiert
	Pf., u. Syst.	OS	letztes Achtel im o. Syst. notiert
71	Pf., o. Syst.	OS	4. ZZ: 2. Achtel im u. Syst. notiert
72	Br.	OO	1.–2. ZZ: Abbreviatur ausgeschrieben
74	Pf.	OS	*Ped.* jeweils vor 1. ZZ notiert
74/76	Pf., o. Syst.	OS	4. ZZ: Die metrisch ungenaue Notierung wird in die Ausgabe als ideomatische Wendung übernommen; vgl. Anm. T. 50–51
75–80	Pf., o. Syst.	OS	2. ZZ: zusätzlich jeweils 𝄽 notiert; in der Ausgabe in Anlehnung an Parallelstellen (u. a. an T. 56) gestrichen

78–79	Pf., o. Syst.	OS	1. ZZ: zusätzlich ⸮ in unterer Behalsung notiert; in der Ausgabe in Anlehnung Parallelstellen (u. a. T. 58–59) gestrichen
78–81	Pf., o. Syst.	OS	4. ZZ: Die metrisch ungenaue Notierung wird in die Ausgabe als ideomatische Wendung übernommen; vgl. Anm. T. 50–51
82	Bläser; Pk.; Vc.; Cb.	OO	*ff* unterschiedlich zwischen T. 81, 4. ZZ–T. 82, 1. ZZ, aber stets vor *sf* gestochen
82–83, 86–87	Br.	OO	1.–2. ZZ als ♪ notiert, Proprotionsziffer *6* in T. 82, 83 u. 86 hinzugefügt
93	Pf., o. Syst.		*staccato*-Punkt zu 1. Akkord fehlt
96/98	Pf.,	OS	*Ped.* jeweils vor 1. ZZ gestochen
	Pf., o. Syst.	OS	3. ZZ: 1.–2. Achtel zusammen gebalkt
97	Pf., o. Syst.	OS	4. ZZ: Vorschlag ohne Diminutionsstrichlein
102	Pf., o. Syst.	OS	*sf* über Taktstrich T. 101/102 notiert
103	Pf., u. Syst.	OS	◁ zwischen 2. u. 3. ZZ beginnend
104	Pf.	OS	▷ mit 2. ZZ endend; die Ausgabe folgt der Notierung aus P
110–111	Pf., u. Syst.	OS	Bogen T. 110 mit 3. ZZ beginnend; in der Ausgabe in Anlehnung an Bogenführung in den Streicherstimmen nach Paralleltakt 363 korrigiert
114	Pf.	OS	4. ZZ: c^1 im oberen System notiert, in P d/c^1 getrennt behalst
120	Fg. 1; V.-Hn. 1	OO	◁ mit 1. ZZ beginnend
121–122	Fg. 1, 2; V.-Hn. 1, 2	OO	▷ in Fg. 1 bis Ende T. 122, in V.-Hn. 2 zu T. 121, 2. Takthälfte bis T. 123 notiert; die Ausgabe folgt der auch hinsichtlich der zusätzlichen Angabe *dim.* Notierung von Fg. 2 u. V.-Hn. 1 in OO
124–125	Br.	OO	Bogen zur unteren Behalsung T. 124, 4. ZZ endend; in der Ausgabe entsprechend der Notierung in P T. 125 an die anderen Streicherstimmen angeglichen
127–207	Vc., Cb.	OO	Beide Stimmen in einem System notiert. Die Vermerke *Cello* bzw. *Tutti* sowie die Doppelbehalsung sind eindeutige Hinweise dafür, wann Vc. und Cb. wie in P notiert, parallel zu führen sind.
131	Pf.	OS	*arpeggio*-Vermerk zu jedem System separat notiert; die Ausgabe folgt in Anlehnung an T. 145 P
133	Vl. I	OO	Bogen bis T. 134 notiert; die Ausgabe folgt in Anlehnung an Br. u. Vc. P, obwohl eine Überbindung wie in T. 124/125 und 135/136 nicht auszuschließen ist.
135	Pf., u. Syst.	OS	♮ zu c in 2. ♪ fehlt (in P mit Rötel ergänzt)
136	Pf.	OS	Pedalaufhebungszeichen nach 3. ZZ 1. ٦ (u. Syst.) gestochen
137–140	Pf., o. Syst.	OS	Die metrisch ungenaue Notierung (Achtel der oberen Behalsung mit 1. bzw. 3. Triolen-Achtel der unteren

			Behalsung zusammen behalst) wird in die Ausgabe als ideomatische Wendung übernommen; vgl. ebenso Paralleltakte 390–393.
138/143	Vc.	OO	jeweils *p* zu 2. ZZ gestochen; die Ausgabe folgt in Anlehnung an die anderen Streichenstimmen P
142	Pf., o. Syst.	OS	2. ZZ: Die metrisch ungenaue Notierung (Viertel h^2 der oberen Behalsung mit 2. Achteltriolennote der unteren Behalsung zusammen behalst) wird in die Ausgabe als ideomatische Wendung übernommen; vgl. ebenso Paralleltakt 395.
143	Pf.	OS	*fp* zwischen den Systemen und unter dem u. Syst. notiert; die Ausgabe folgt der Notierung aus P
145–150	Br.	OO	Bogen geteilt: 1. Bogen mit T. 147, 1. ZZ endend; 2. Bogen zu T. 147, 2. ZZ bis T. 149, 1. ZZ; 3. Bogen zu T. 149, 2.–4. ZZ;. T. 150 Bogen nur zu unterer Behalsung gestochen, Überbindung T. 149–150 in der oberen Behalsung fehlt; in der Ausgabe entsprechend der Notierung in P an Fg. 1, 2 und V.-Hn. 1, 2 angeglichen
146	Fg. 1	OO	*cresc.* zu 1. ZZ gestochen
	V.-Hn. 1, 2	OO	*cresc.* zu 3. ZZ gestochen; in der Ausgabe ebenso wie in Fg. 1 in Anlehnung an Parallelstelle T. 399 an Fg. 2 angeglichen
	Br.	OO	*cresc.* zwischen 2. u. 3. ZZ gestochen; in der Ausgabe an Fg. 1, 2 u. V.-Hn. 1, 2 angeglichen
149	Br.	OO	*dim.* T. 148 notiert; in der Ausgabe entsprechend der Parallelnotation in Fg. 1, 2 u. V.-Hn. 1, 2 korrigiert
149–150	Pf.	OS	Pedalangaben fehlen; in der Ausgabe nach der autograph notierten Parallelstelle T. 402–403 ergänzt
150	Br.	OO	*a 2* statt *divisi*
151/153/155	Streicher	OO	1. ZZ: *staccato*-Punkte zu 1. Achtel fehlen; in der Ausgabe in Bezug auf die Paralleltakt 404, 406 u. 408 und die Bläserstimmen ergänzt
152	Pf., o. Syst.	OS	Akzente jeweils unter dem System notiert
159	Vl. I	OO	4. ZZ: zusätzlich *f* gestochen; in der Ausgabe nach P und in Bezug auf die anderen Streicherstimmen gestrichen
166	Pf.	OS	⎯⎯ mit 1. ZZ beginnend; die Ausgabe folgt in Anlehnung an Paralleltakt 419 P
167/170	Pf., o. Syst.	OS	2.–4. ZZ: zusätzlich jeweils zweiter Bogen zu oberer Behalsung
180–181	Pf.	OS	*Ped.* jeweils vor ♪ gestochen
184–185	Pf., u. Syst.	P, OS	T. 184, 4. ZZ u. T. 185, 2. u. 4. ZZ im o. Syst. mit entsprechender Akzidenziensetzung notiert
188–189	Br.	OO	T. 188, 1. ZZ ♫♫♫, T. 188, 2. ZZ bis T. 189, 1. ZZ ♪ mit Proportionsziffer *6* gestochen
191	Fg. 1	OO	Bogen zu ♩♩; die Ausgabe folgt in Anlehnung an Fg. 2 und den übrigen Stimmen P

193/195	Hob. 2	OO	jeweils *staccato*-Punkt notiert; die Ausgabe folgt in Anlehnung an die anderen Stimmen P
197	Vl. I, II; Br.	OO	3. ZZ: *f* fehlt jeweils; die Ausgabe folgt in Anlehnung an Vc. u. Cb. P
204	Pf.	OS	*Ped.* jeweils vor 1. Achtel notiert
211	Pf., o. Syst.	OS	1. ZZ: 1. Achtel e im u. Syst. gestochen
215	Fl. 1; Hob. 1; Fg. 1; Vl. I; Vc.; Cb.	OO	*cresc.* zu 1. ZZ gestochen; die Ausgabe folgt der einheitlichen Notierung aus P
219	Fl. 1; Fg. 1, 2; Vl. I	OO	*cresc.* zu 1. ZZ gestochen; die Ausgabe folgt der einheitlichen Notierung aus P
	Pf., u. Syst.	OS	4. ZZ: zusätzlich 𝄽 notiert; vgl. Parallelstelle T. 215
220–227	Pf., o. Syst.	P, OS	Die metrisch ungenaue Notierung (Viertel der unteren Behalsung mit 2. Achteltriolennote der oberen Behalsung zusammen behalst) wird in die Ausgabe als ideomatische Wendung übernommen; vgl. ebenso T. 232–234, 279–282.
222	Pf.	OS	*cresc.* und entsprechende Gültigkeitsangabe jeweils über dem o. Syst. notiert
224	Br.	OO	*cresc.* zu 3. ZZ gestochen
228	Pf.	OS	*Ped.* nach 1. Achtel
	Br.	OO	4. ZZ: *p* über dem System gestochen
228/230	Pf.	OS	*Ped.* jeweils vor 2. ZZ
	Pf., o. Syst.	OS	*sf* aus Platzgründen über dem System notiert
232–234	Pf., o. Syst.	OS	Die metrisch ungenaue Notierung (Viertel der unteren Behalsung mit 2. Triolen-Achtel der oberen Behalsung zusammen behalst) wird in die Ausgabe als ideomatische Wendung übernommen; vgl. Anm. zu T. 220–227.
234	Br.	OO	2. ZZ: *staccato-Punkt* fehlt; die Ausgabe folgt in Anlehnung an Vc. u. Cb. P
234–235	Fl., 1, 2; Clar. 1, 2	P, OO	Im Unterschied zu der ansonsten in der Edition vorgenommenen Notierung der nur aus einer Achtelnote bestehenden Vorschläge entfällt hier das Diminutionsstrichlein, da angenommen wird, dass aufgrund der folgenden Hauptnote 𝅗𝅥 ein langer Vorschlag gemeint ist.
236	Fl. 1, 2; Clar. 1, 2	OO	1. ZZ: Vorschlag ohne Diminutionsstrichlein
244	Pf., o. Syst.	OS	1.–2. ZZ: fis im u. Syst. notiert und zusammen mit den Tönen des oberen Systems behalst; die Ausgabe folgt P
248	Fl. 1, 2; Hob. 2; Fg. 2; V.-Hn. 1, 2; V.-Tr. 1, 2	OO	𝆒 mit 1. ZZ beginnend; die Ausgabe folgt der einheitlichen Gabelsetzung aus P
249	V.-Hn. 1	OO	𝆓 bis T. 250 gestochen

254/260	Pf., o. Syst.	P, OS	Pausen aufgrund der Stichnoten im u. Syst. notiert
255	Pf.	OS	*Ped.* zu 1. ZZ, 3. Triolen-Achtel; in der Ausgabe nach Parallelstelle T. 261 reguliert
261	Pf.	OS	*Ped.* vor 1. Achtel gestochen
269	Pf.	OS	*fp* über dem o. Syst. und unter dem u. Syst. gestochen
271	Fl. 1	OO	4. ZZ: ♯ zu ais^2 in 2. Achtel fehlt
272	Clar. 1	OO	1.–2. ZZ: 1.–2. und 3.–4. Achtel getrennt gebalkt
273	Hob. 1	OO	*p* zu 2. ♩; in der Ausgabe an die anderen Bläserstimmen angeglichen
273–278	Fl. 2; Clar. 2	OO	Bogen geteilt, 1. Bogen T. 274, 2. ♩ endend, Bogenneuansatz T. 275, die Ausgabe folgt in Anlehnung an Fg.1, 2 P, wo Einfachbehalsung und durchgängige Bogenführung vorliegt
279–282	Pf.; o. Syst.	OS	Die metrisch ungenaue Notierung (Viertel der unteren Behalsung mit 2. Achteltriolennote der oberen Behalsung zusammen behalst) wird in die Ausgabe als ideomatische Wendung übernommen; vgl. Anm. zu T. 220–227.
287	Fg. 2; Br.	OO	♮ zu c^1 fehlt jeweils
289	Pf.	OS	*Ped.* vor 1. Achtel, Pedalaufhebungszeichen zu 4. ZZ 4. Achtel gestochen
290	Pf.	OS	*Ped.* nach 1. Achtel gestochen
296	Bläser	OO	*cresc.* unterschiedlich zwischen 4. ZZ 1. Note und Taktstrich gestochen; die Ausgabe folgt der einheitlichen Notierung aus P
296–299	Fl. 2; Clar. 2	OO	Gültigkeitsangabe zum *cresc.* fehlt jeweils
300–306	Br.	OO	T. 301–302, 2. ZZ; T. 303, 1.–2. ZZ; T. 304–306, 2. ZZ Abbreviatur ♪ jeweils mit Proportionsziffernangabe 6
300	Bläser		Im Unterschied zu Paralleltakt 82 *ff* in der Edition nicht ergänzt, da es aufgrund der veränderten Notation bereits in T. 299, 4. ZZ notiert ist.
301	Pf., o. Syst.	OS	1. ♩ untere Behalsung im u. Syst. mit 𝄞 notiert, 𝄢 vor 2. ♩ fehlt; die Ausgabe folgt P
307	Br.	OO	Abbreviatur ♪ mit Proportionsziffer 6 zu 1.–2. und 3.–4. ZZ
	Vc,; Cb.	OO	3.–4. ZZ: Abbreviatur ausgeschrieben
311	Fl. 1	OO	1. ZZ: Vorschlag ohne Diminutionsstrichlein
316–320	Vl. II	OO	T. 316–T. 317, 2. ZZ, T. 317–T. 320 jeweils 1.–2. ZZ Abbreviatur ♪; in OO alle Abbreviaturen mit Proportionsziffer 6, in P T. 316 Proportionsziffer 3 zu 1. ♪
320–321	Pf., o. Syst.	OS	4. ZZ: Die metrisch ungenaue Notierung wird in die Ausgabe als ideomatische Wendung übernommen;vgl. Anm. zu T. 50–51.
321, 324–325	Pf., o. Syst.	OS	2. ZZ: zusätzlich 𝄽 notiert; in die Ausgabe wie in den Paralleltakten nicht übernommen

322	Pf.	OS	4. ZZ: 2. Triolen-Achtel c^1 im o. Syst. ohne gebrochene Balkensetzung notiert; die Ausgabe folgt Paralleltakt 52
	Pf., u. Syst.	OS	T. 322 Bogen zu 1. und 3. ZZ, in der Ausgabe nach den Paralleltakten reguliert
322–323	Pf., o. Syst.	OS	⊏ T. 322, 4. ZZ e^1 beginnend; die Ausgabe folgt in Anlehnung an Paralleltakt 52 P
323	Pf., u. Syst.	OS	Bogen zu 1. und 3.–4. ZZ; die Ausgabe folgt in Anlehnung an Paralleltakt 53 P
323–324	Pf., o. Syst.	OS	⊐ T. 323, 4. ZZ endend; ; die Ausgabe folgt den Paralleltakten 53–54
324–325	Pf.	OS	2. ZZ: 3. Triolen-Achtel jeweils im o. Syst. mit gebrochener Balkensetzung notiert; die Ausgabe folgt den Paralleltakten 54–55
		OS	4. ZZ: 1. u. 2. Triolen-Achtel im u. Syst. mit gebrochener Balkensetzung notiert; die Ausgabe folgt entsprechend den Paralleltakten P
	Pf., o. Syst.	OS	4. ZZ: Die metrisch ungenaue Notierung wird in die Ausgabe als ideomatische Wendung übernommen; vgl. Anm. T. 50–51
326–327	Pf., o. Syst.	OS	⊏ T. 326 mit 4. ZZ 2. Triolen-Achtel beginnend und T. 327, 2. ZZ 2. Triolen-Achtel endend; in der Ausgabe nach den Paralleltakten 56–57 reguliert
327–328	Pf., o. Syst.	OS	⊐ zu T. 327, 3.–4. ZZ; die Ausgabe folgt T. 57–58
327	Pf., o. Syst.	OS	4. ZZ: ♮ zu h und h^1 fehlen; in der Ausgabe nach Paralleltakt 57 ergänzt
	Pf., u. Syst.	OS	Bogen zu 3.–4. ZZ; in der Ausgabe nach Paralleltakt 57 reguliert
328–335	Pf., o. Syst.	P, OS	Die metrisch ungenaue Notierung T. 328–329, 4. ZZ; T. 330–331; 334–335, 2 u. 4. ZZ wird in die Ausgabe als ideomatische Wendung übernommen; vgl. Anm. T. 58–65.
328–329	Pf., o. Syst.	OS	⊏ T. 328, 4. ZZ g^1 beginnend; die Ausgabe folgt Paralleltakten 58–59
328–330	Pf., o. Syst.	OS	♩ fehlen
329	Pf., u. Syst.	OS	1. ZZ: 1. Triolen-Achtel E statt ૪; die Ausgabe folgt der autographen Variante aus T. 59
329/333	Pf.	OS	*Ped.* jeweils vor 3. ZZ E notiert
		OS	Pedalaufhebungszeichen T. 330 und T. 334, jeweils nach 1. ZZ ૪ (u. Syst.) notiert; in der Ausgabe nach den Paralleltakten 59 bzw. 63 reguliert
330	Pf., o. Syst.	OS	⊐ zu T. 329, 3. ZZ bis T. 330, 1. ZZ. Obwohl möglicherweise keine Interpretationsunterschiede beabsichtigt sind folgt die Ausgabe der gegenüber der Parallelstelle veränderten Notation aus P, da vermutlich die Ergänzung der ⊐ mit Tinte von Schumann selbst vorgenommen wurde.

333–334	Pf., o. Syst.	OS	⟩ zu T. 333, 3. ZZ 3. Triolen-Achtel bis T. 334, 4. ZZ. Obwohl möglicherweise keine Interpretationsunterschiede beabsichtigt sind folgt die Ausgabe der gegenüber der Parallelstelle T. 63–64 veränderten Notation aus P, da vermutlich die Ergänzung der ⟩ mit Tinte von Schumann selbst vorgenommen wurde.
333–335	Pf., o. Syst.	OS	↲ fehlen
336	Pf.	OS	*sfz* über dem oberen und zwischen den Systemen notiert; die Ausgabe folgt Paralleltakt 66
	Pf., o. Syst.	OS	3. ZZ g¹ u. 4. ZZ e²/g² in ♩. getrennt behalst; die Ausgabe folgt in Anlehnung an Paralleltakt 66 P
	Pf., u. Syst.	OS	4. ZZ: 2. Achtel im o. Syst. notiert
338	Vl. II	OO	*ff* zusätzlich vor *sf* notiert; die Ausgabe folgt in Anlehnung an die anderen Orchesterstimmen P
342	Pf.	OS	Nur *markirt* gestochen; in der Ausgabe nach Parallelstelle T. 89 *Sehr* ergänzt, da nicht anzunehmen ist, dass trotz autographer Notation der T. 342–344 Interpretationsunterschiede beabsichtigt sind.
342–343	Pf.	OS	⟩ T. 343, 4. ZZ h endend; in der Ausgabe nach Paralleltakt 90 reguliert, da nicht anzunehmen ist, dass trotz autographer Notation der T. 342–344 Interpretationsunterschiede beabsichtigt sind
346	Pf., o. Syst.	OS	1. ZZ: durch fehlende ↲ nach oben behalst; vgl. T. 93
		OS	*staccato*-Punkt zu 1. Akkord fehlt
348	Pf., o. Syst.	OS	durchgängiger Bogen; die Ausgabe folgt der autographen Notierung aus Paralleltakt 95
349	Pf.	OS	*fp* unter dem o. Syst. und über dem u. Syst. gestochen
349/351	Pf.	OS	Pedalaufhebungszeichen jeweils nach 4. ZZ, 2. Achtel gestochen; die Ausgabe folgt in Anlehnung an T. 96/98 T. 351 P
	Pf., u. Syst.	OS	2.–3. ZZ: fis¹ in P nachträglich ergänzt. Da nicht auszuschließen ist, dass die Ergänzung von Robert Schumann vorgenommen wurde, wird die gegenüber T. 96/98 veränderte, auch in OS übernommene Variante in die Edition übernommen.
350/352	Pf.	OS	3. ZZ: 1.–2. Achtel in T. 350 im u. Syst, T. 352 in beiden Systemen zusammen gebalkt
351 (98)	P	OS	*fp* unter dem o. Syst. und über dem u. Syst. gestochen
	Pf., o. Syst.	OS	3. ZZ ↱ fehlt
353–354	Pf., u. Syst.	OS	⟨ ⟩ zwischen den Syst. notiert; die Ausgabe folgt in Anlehnung an T. 100–101 P
354	Pf., o. Syst.	OS	2. ZZ: fis/a im u. Syst. notiert
357	Pf., o. Syst.	OS	1.–4. ZZ fis/ais jeweils im u. Syst. notiert
		OS	⟩ bis Ende 2. ZZ die Ausgabe folgt Paralleltakt 104
	Pf., u. Syst.	OS	⟩ fehlt; in der Ausgabe an Paralleltakt T. 104 angeglichen

358	Pf., o. Syst.	OS	1.–3. ZZ fis und 4. ZZ eis/gis im u. Syst. notiert 4. ZZ: eis/gis im u. Syst. notiert
359	Pf., u. Syst.	OS	1. ZZ: fis/a im u. Syst. notiert
361	Vc.	OO	Bogen mit 3. ZZ beginnend
362–363	Pf.	OS	⟍ T. 363 zwischen 2. u. 3. ZZ beginnend und 4. ZZ nach G endend; in der Ausgabe nach Paralleltakt 110 korrigiert
365–366	Pf., u. Syst.	OS	T. 366, 3. ZZ bis T. 364, 3. ZZ im o. Syst. notiert, Noten des o. Syst, zusammenbehalst; in der Ausgabe an die Notierung in den Paralleltakten angeglichen
366	Pf.	OS	von Clara Schumann in P nur Pedalaufhebungszeichen zu T. 365, 4. ZZ aus der Wiederholungsvorlage übernommen und in OS gestochen, Pedalaufhebungszeichen zu T. 366 fehlt; in der Ausgabe nach T. 113 korrigiert
366–367	Pf., u. Syst.	OS	T. 366, 3. ZZ bis T. 367, 3. ZZ und 4. ZZ g im o. Syst. notiert, Noten zusammen behalst; in der Ausgabe Notierung an Paralleltakte 113–114 angeglichen
367	Pf., o. Syst.	OS	1.–3. ZZ: Noten zusammen behalst
370–371	Pf., o. Syst.	OS	Legatobogen zur unteren Behalsung fehlt; die Ausgabe folgt in Anlehnung an die Paralleltakte 117–118 P
371	Pf., o. Syst.	OS	2. ZZ: h¹/h² zusammen behalst; die Ausgabe folgt in Anlehnung an Paralleltakt 118 P
373–375	Clar. 1; Fg. 1; V.-Hn. 1	OO	◁ T. 373 mit 1. ZZ beginnend und bis T. 374 notiert; die Ausgabe folgt in Anlehnung an Clar. 1 und Fg. 1 P
375	Pf.	OS	◁ zu 2. ZZ 1. Triolen-Achtel bis 3. ZZ 3. Triolen-Achtel; in der Ausgabe nach Paralleltakt reguliert
377	Pf.	OS	◁▷ zu 2.–3. ZZ; in der die Ausgabe nach Paralleltakt 124 korrigiert
378	Pf., o. Syst.	OS	1. ZZ: d¹/d² zusammen behalst; in der Ausgabe entsprechend der autographen Schreibweise in P T. 125 korrigiert
380	Vl. I	OO	h¹ gestochen; die Ausgabe folgt entsprechend der Notierung in Paralleltakt 127 P
382	Pf., o. Syst	OS	4. ZZ: ℽ fehlt
384	Pf., o. Syst.	OS	*fp* unter das System notiert
386	Vl. I; Br.	OO	Bogen bis T. 387, 1. ZZ notiert; in der Ausgabe in Anlehnung an Parallelstelle T. 133 nach der Vc.-Stimme korrigiert
389	Pf.	OS	*Ped.* nach 1. Viertel notiert
390–393	Pf., o. Syst.	OS	Die metrisch ungenaue Notierung (Achtel der oberen Behalsung mit 1. bzw. 3. Triolen-Achtel der unteren Behalsung zusammengebalkt) wird in die Ausgabe als ideomatische Wendung übernommen; vgl. Anm. T. 137–140.
391	Pf., o. Syst.	OS	1. ZZ: zusätzlich ℽ zu d²
392	Pf., u. Syst.	OS	zusätzlicher Bogen zu Fis-G

394	Pf.	OS	*Ped.* und Pedalaufhebungszeichen zwischen den Systemen gestochen
395	Pf., o. Syst.	OS	2. ZZ: Die metrisch ungenaue Notierung (Viertel h^2 der oberen Behalsung ist mit 2. Achteltriolennote der unteren Behalsung zusammengebalkt) wird in die Ausgabe als ideomatische Wendung übernommen; vgl. Anm. T. 142.
396	Pf.	OS	*fp* unter dem o. Syst. und über dem u. Syst. gestochen; in der Ausgabe nach Paralleltakt 143 notiert
397	Pf., o. Syst.	OS	Bogen bis 4. ZZ letztes Triolen-Achtel der unteren Behalsung notiert; in der Ausgabe nach T. 395 und Paralleltakt 144 reguliert
398	Pf.	OS	*Ped.* vor o notiert
398–403	Br.	OO	Bogen geteilt notiert; 1. Bogen mit T. 400, 1. ZZ endend, 2. Bogen T. 400, 2. ZZ bis T. 402, 1. ZZ; 3. Bogen zu T. 402, 2.–4. ZZ;. T. 403 nur Bogen zu unterer Behalsung; in der Ausgabe entsprechend der Notierung in P wie in den Paralleltakten an Clar. 1, 2 und V.-Hn. 1 angeglichen
399	Clar. 1	OO	*cresc.* zu 3. ZZ; die Ausgabe folgt in Anlehnung an T. 145 Clar. 2 u. V.-Hn. 1
	Pf.	OS	*Ped.* zu 2. Vorschlag-Achtel
	Br.	OO	*cresc.* zu 1. ZZ; die Ausgabe folgt Clar. 1, 2 und V.-Hn. 1
404	Vl. I	OO	*staccato*-Punkt fehlt
404–426	Pf.	OS	gestochene *staccato*-Punkte in die Ausgabe übernommen, obwohl sie bei der Kopiatur möglicherweise irrtümlich aus der ursprünglichen Variante von P (dort unter dem u. Syst.notiert) in HS und anschließend in OS übernommen worden sind.
404–413	Pf.	OS	Akzente > nur einmal zwischen den Systemen notiert; die Ausgabe folgt OS, obwohl nicht auszuschließen ist, dass die Akzente wie in T. 413–415 für beide Systeme gelten sollen.
419	Pf.	OS	⸺ zu beiden Systemen separat notiert, in P zu u. Syst. mit 4. ZZ 1. Achtel endend, in OS zu o. Syst. mit 1. ZZ beginnend
419–420	Pf., u. Syst.	OS	Bis T. 420, 1. ZZ Akzente > über dem System notiert. Die Ausgabe folgt OS, obwohl möglicherweise gegenüber T. 421–423 und 425–426 keine Interpretationsunterschiede beabsichtigt sind.
422	Pf.	OS	⸺ über dem o. Syst. u. unter dem u. Syst. gestochen; in der Ausgabe an die Notierung in T. 419 angeglichen
425	Streicher	OO	*staccato*-Punkte fehlen; in der Ausgabe in Anlehnung an T. 172 und den Bläserstimmensatz ergänzt
433	Vl. II; Vc.	OO	*p* fehlt, in Vl. II zu T. 435, 1. ZZ, in Vc. zu T. 434 ♪ gestochen; in der Ausgabe an Vl. I und Br. angeglichen

433–434	Pf.	OS	*Ped.* jeweils vor ♩. notiert
438	Pf., u. Syst.	OS	1. ZZ: 1. Achtel d statt D; trotz Abbreviaturvermerk in P in die Ausgabe übernommen
441–444	Br.	OO	T. 441, 3. ZZ bis T. 444, 2. ZZ jeweils ♪ zu 1.–2. ZZ und 3.–4. ZZ gestochen
445–446, 447–448	Fg. 1, 2	OO	Legatobogen jeweils mit T. 445/447 4. ZZ endend; die Ausgabe folgt in Anlehnung an die Bogensetzung in den anderen Bläserstimmen P
445–448	Br.	OO	T. 445, 2.–3. ZZ; T. 446, 1.–2. ZZ; und 3.–4. ZZ; T. 447 2.–3. ZZ; T. 448, 1.–2. ZZ jeweils Abbreviatur ♪. mit Proportionsziffer *6*
449	Vc.	OO	2. ZZ. Achtel cis. Im Unterschied zu der ansonsten vorhandenen Parallelführung zum Cb. in die Ausgabe übernommen
451	Pf.	OS	*Ped.* zu 3. ZZ 2. 16tel notiert; in der Ausgabe an T. 455 angeglichen
455	Pf.	OS	*Ped.* vor 3. ZZ 1. 16tel gestochen
457	Pf.	OS	*Mit Pedal* gestochen
461	Pf., o. Syst.	OS	eine Oktave tiefer notiert mit Vermerk *8* über der 1. Note und Gültigkeitsangabe bis Taktende
465	Pf.	OS	*Mit Pedal.* nach 1. Achtel gestochen
466–467	Hob. 1	OO	Bogen bis T. 466 2. ♪ notiert, Bogenneuansatz T. 467, 1. ♪; die Ausgabe folgt in Anlehnung an Hob. 2 P, wo Einfachbehalsung vorliegt
469	Fl. 1, 2	OO	Bogen geteilt, 1. Bogen mit 1. ♪ endend, 2. Bogen mit 2. ♪ beginnend; die Ausgabe folgt in Anlehnung an die anderen Bläserstimmen P, wo girlandenförmige Bogensetzung vorliegt
469–470	Clar. 1	OO	Bogen T. 469 mit 2. ♪ endend, Bogenneubeginn T. 470 1. ♪; die Ausgabe folgt Clar. 2 und der Bogensetzung in den anderen Bläserstimmen
470	Clar. 2	OO	1. ♪ b zu b¹; die Ausgabe folgt P
477–478	Pf., o. Syst.	OS	Gegenüber den Paralltakten 473–474 bestehende Notationsunterschiede (3. ZZ 2. Triolenachtel d¹ statt e¹, 4. ZZ 1. Triolen-Achtel gis¹ statt g¹) in die Ausgabe übernommen, obwohl möglicherweise keine Unterschiede beabsichtigt sind und es sich um Schreibfehler Clara Schumanns handelt.
	Pf., o. Syst.	OS	Bogen T. 477 mit 1. ZZ beginnend; in der Ausgabe Bogensetzung an T. 473–474 und 475–476 angeglichen
479	Vc.; Cb.	OO	*cresc.* zu 1. ZZ; in der Ausgabe an Vl. II und Br. angeglichen
481	Vl. II	OO	*f* zu T. 480 zu 4. ZZ notiert, in der Plattenauflage der Orchesterstimmen OO2 in gültiger Variante gestochen
483	Pf., o. Syst.	OS	3. ZZ: 1. Triolen-Achtel b im u. Syst. notiert
	Pf., u. Syst.	OS	Bogen fehlt
		OS	4. ZZ: 2. u. 3. Triolen-Achtel im o. Syst. notiert

489	Br.	OO	*cresc.* zu 2. ZZ notiert; in der Ausgabe an die anderen Streicherstimmen angeglichen
493	Vc.; Cb.	OO	*f* fehlt
495–496	Pf., o. Syst.	OS	gegenüber der Abbreviaturangabe in P ab T. 495, 2. ZZ veränderte Variante in die Ausgabe übernommen
507–508	Pf.	OS	*Ped.* T. 507 vor 4. ZZ, Pedalaufhebungszeichen T 508 zu 4. ZZ notiert
509–510	Pf.	OS	*ff* und *Ped.* T. 509 vor 4. ZZ notiert
		OS	Pedalaufhebungszeichen T. 510 zu 4. ZZ gestochen
511	Vl. II; Vc.; Cb.	OO	*sf* fehlt, in der Plattenauflage der Orchesterstimmen OO2 nach P gestochen
514	Pf., o. Syst.	OS	3. ZZ: h im u. Syst. notiert

INTRODUCTION AND ALLEGRO APPASSIONATO

Robert Schumann
(1810–1856)
Op. 92

Introduction

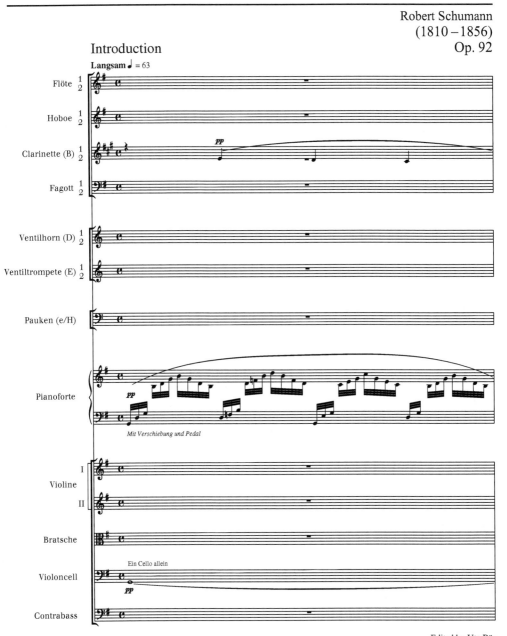

Edited by Ute Bär
© 2010 Ernst Eulenburg Ltd, London
and Ernst Eulenburg & Co. GmbH, Mainz

No. 1471   EE 7194

2

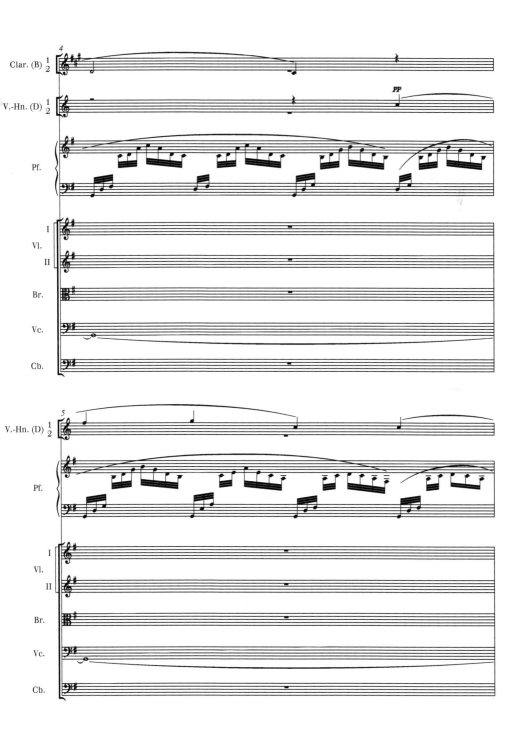

4

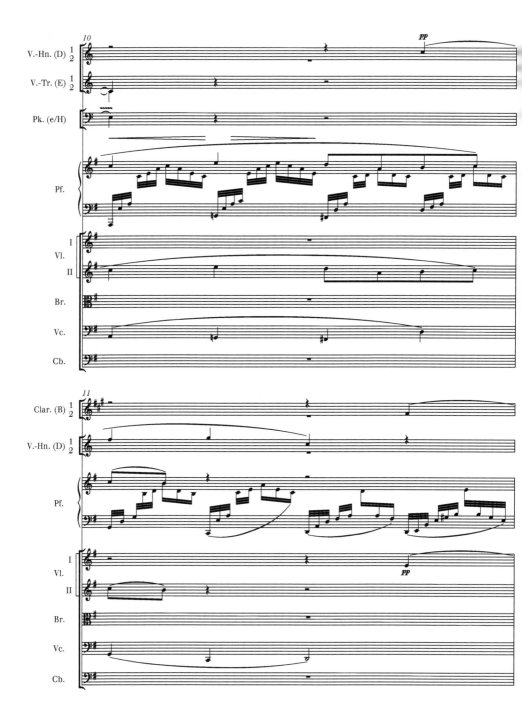

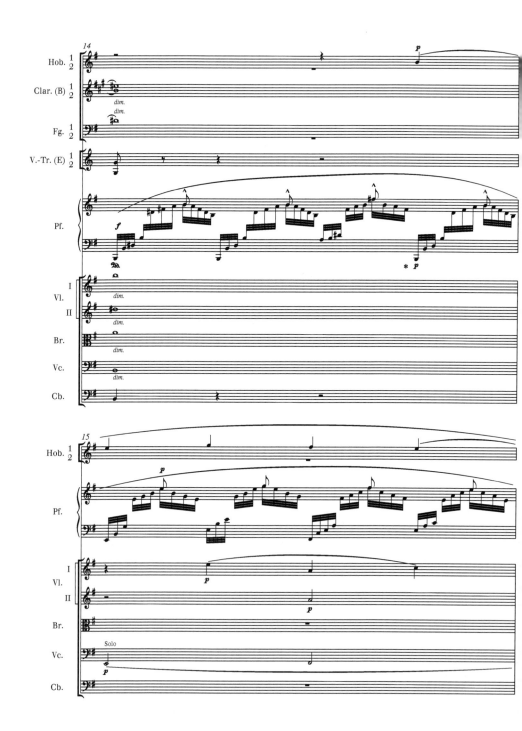

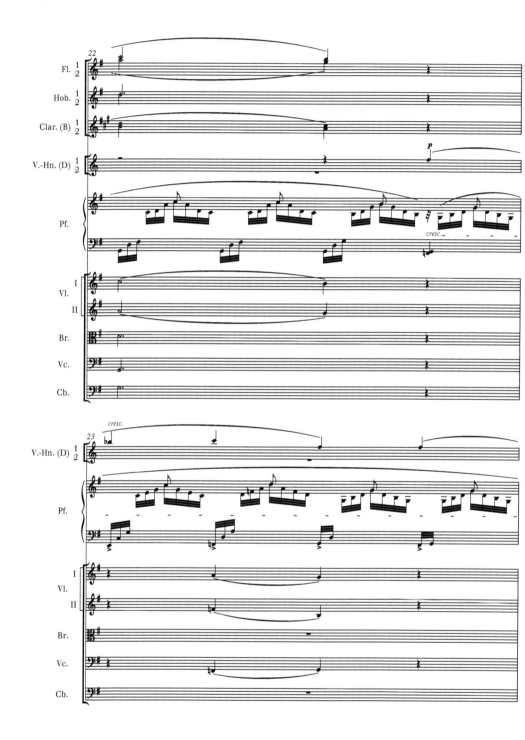

14

EE 7194

16

20

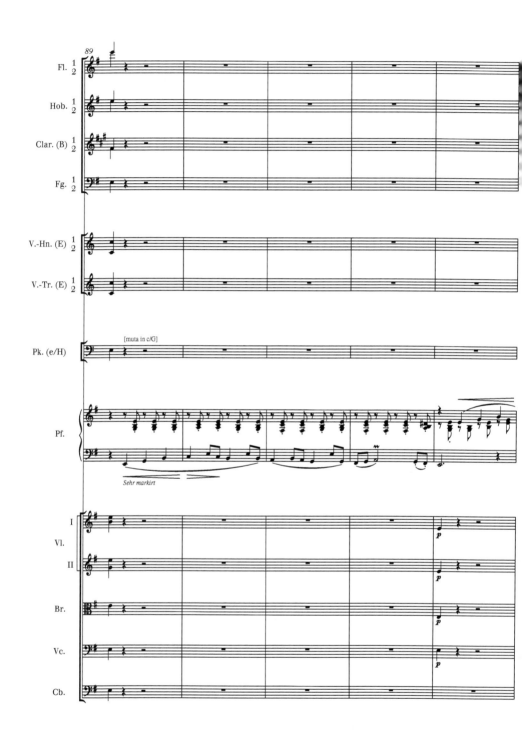

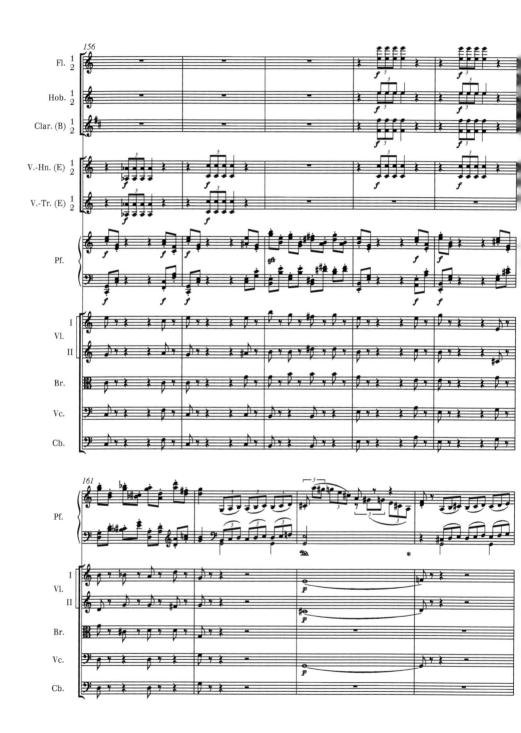

EE 7194

EE 7194

48

52

EE 7194

54

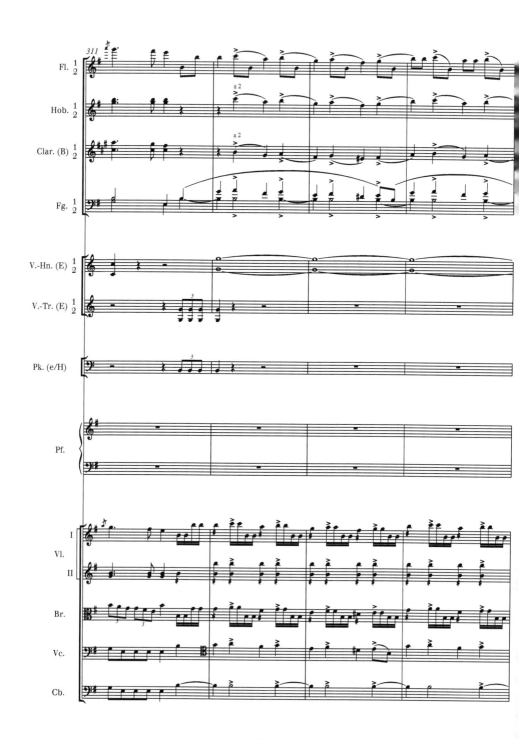

64

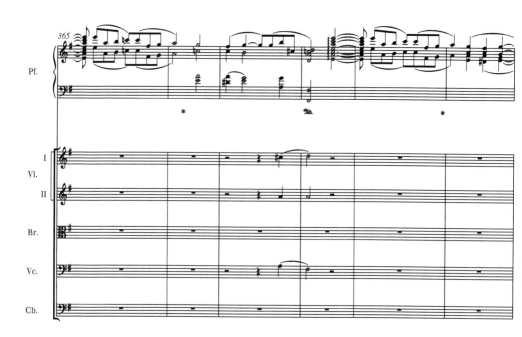

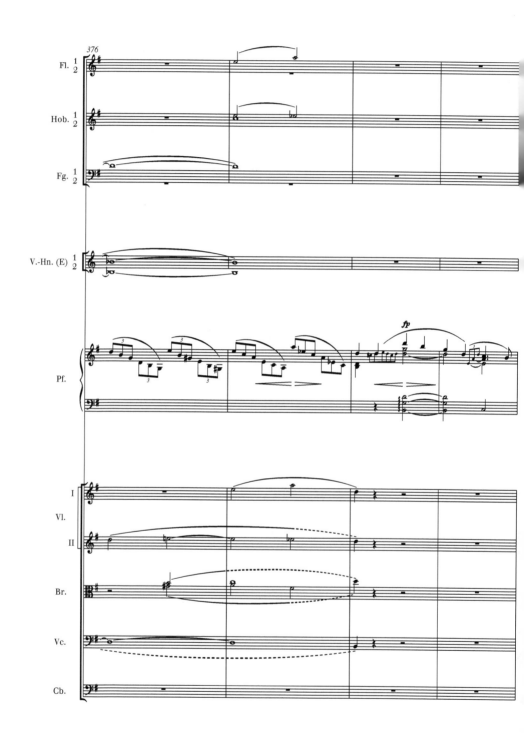

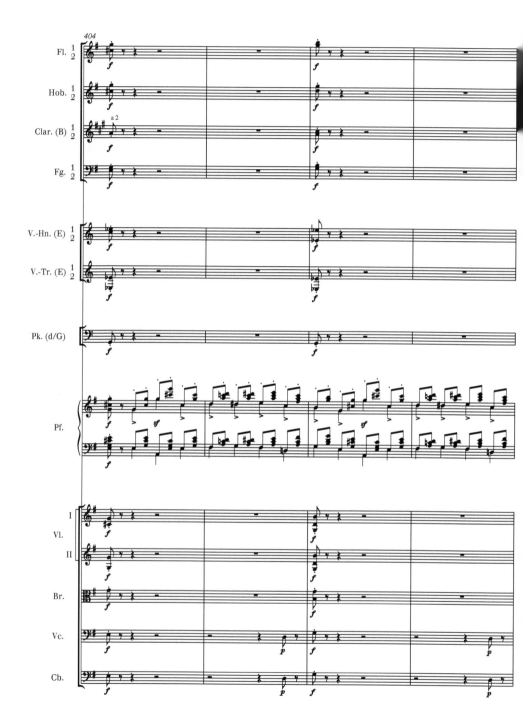

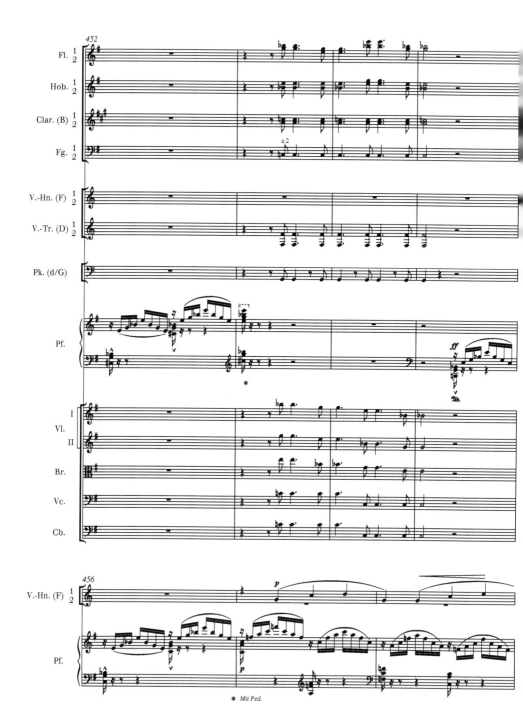

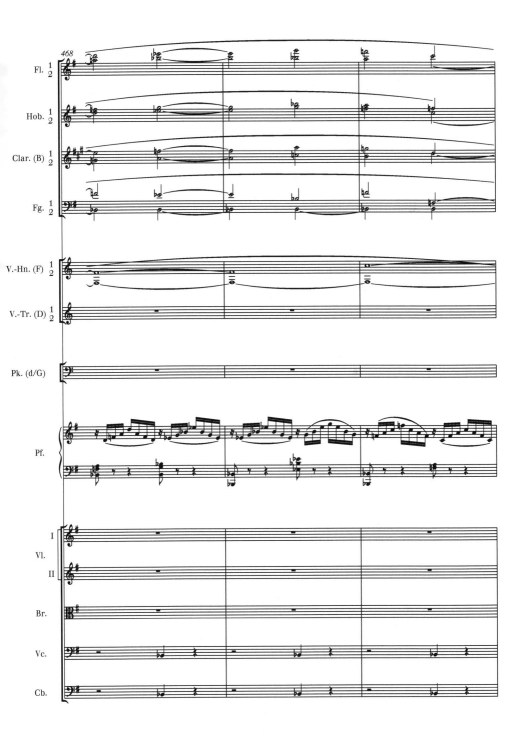

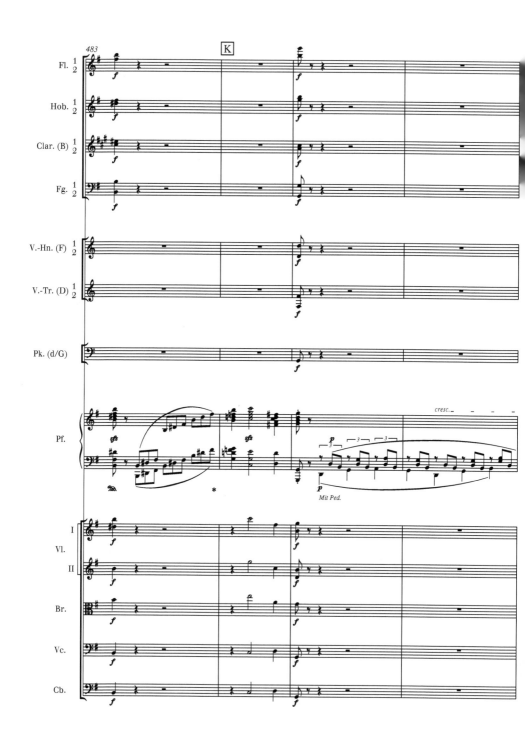